INTRODUCCIÓN

LA MATERNIDAD HA RESULTADO SER,
UNA EXPERIENCIA TOTALMENTE DIF
LO QUE ME IMAGINABA.
SEGÚN TENÍA ENTENDIDO ERA ALGO ABSOLUTAMENTE
MARAVILLOSO. LO MEJOR QUE TE PODÍA PASAR EN LA VIDA.
DISCREPO LIGERAMENTE.
A LOS HIJOS LOS QUIERES MÁS QUE A TU PROPIA VIDA
Y TE VAS A PASAR LA VIDA SUFRIENDO POR ELLOS,
PERO, AL MENOS EN LOS PRIMEROS AÑOS(MÁS ADELANTE
AÚN NO LO HE PODIDO COMPROBAR), TE HACEN PASAR
POR SITUACIONES, DIGAMOS, COMPLICADAS.
MI INTENCIÓN ES PLASMAR LAS SITUACIONES VIVIDAS COMO
MADRE CON HUMOR Y QUE LAS PERSONAS QUE ESTÁN
PASANDO O QUE YA HAN PASADO POR ESTÁS VIVENCIAS
SE RÍAN CONMIGO DE TODAS ELLAS.

Sirama SAV

CUANDO TE VOMITAN
HASTA EN EL CARNÉ
DE IDENTIDAD

COLECHO

Que haces si tu hija está resfriada y te dice que sólo se tomará el jarabe si es de color rosa chicle?

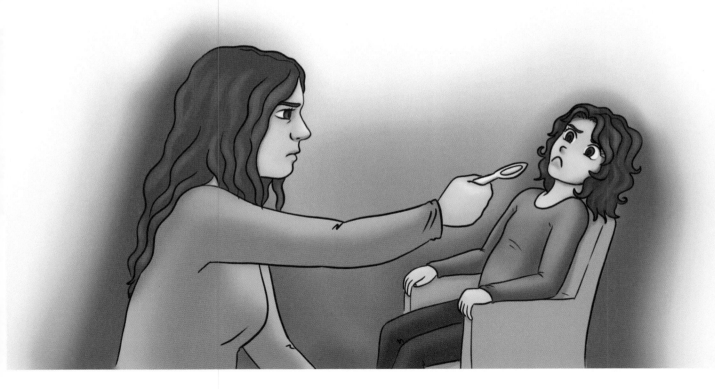

ALQUIMIA

FELIZ NAVIDAD!

FACETA

FRIKI

CUANDO LO VAS A METER EN EL CARRO Y SE CONVIERTE EN HULK

Y ESTO LO QUE ME PASA CUANDO
QUIERO JUGAR SOLA.

CUANDO TE DAS CUENTA DE QUE TE HAS DEJADO EL MÓVIL EN LA HABITACIÓN SIN SILENCIAR.

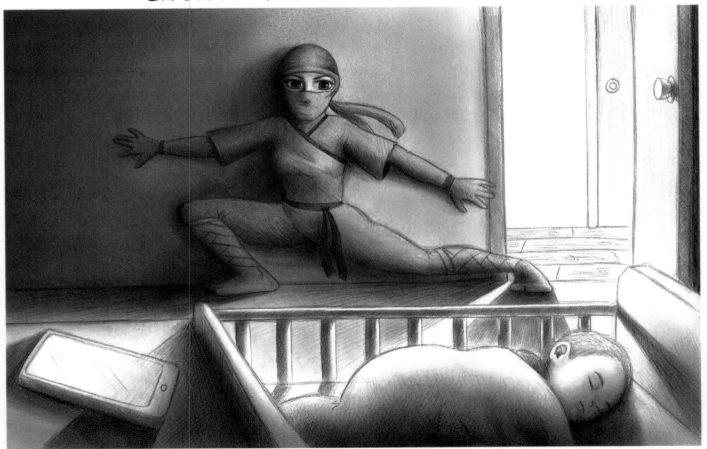

CUANDO POR FIN TE DECIDES A HACER HIPOPRESIVOS
Y TE ATACAN CUAL HORDA HAMBRIENTA DE ZOMBIES
EN CUANTO TE TUMBAS EN EL SUELO.

CUANDO ACABAS HACIENDO UN
ESPECTÁCULO DEL CIRCO DEL
SOL CON TAL DE QUE COMA.

CONFINAMIENTO POR COVID 19 Y TELETRABAJO

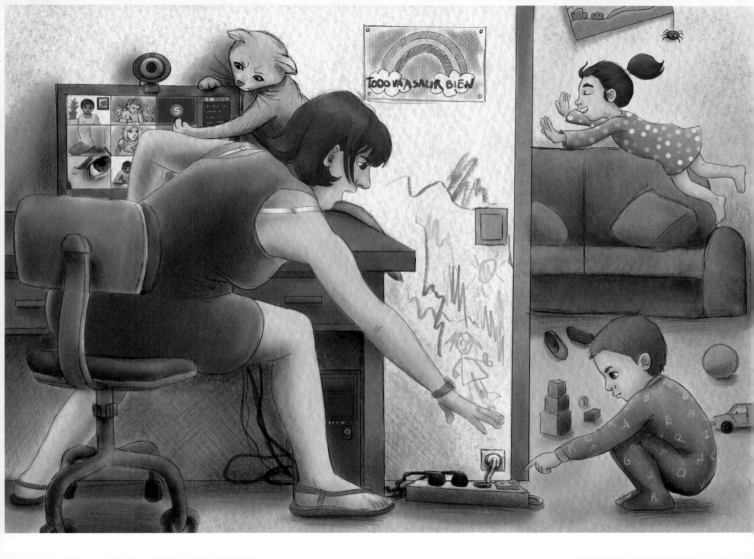

14 DÍAS EN CASA...   Y EL PRIMER DÍA YA NO SE PUEDE NI CAMINAR

DEDICADO A MIS HIJOS Y A MI MARIDO.
SI NO FUERA POR ELLOS
AÚN SEGUIRÍA BUSCANDO LA
INSPIRACIÓN.

Printed in Great Britain
by Amazon